# 은혜살이

임미형 시집

## 시인의 말

'물이 포도주가 되는 이적을 베푸신 예수님을 묵상하시오'
다름 아닌 영국 케임브리지 대학 논술시험 제목이었답니다
모두들 장황하게 시험지를 채우는데, 한 학생이 창밖만 쳐다보고 있었답니다
답답한 시험관이 한 자라도 쓰지 않으면 빵점 처리가 된다고 독려하니
단 한 줄을 쓰고 나갔답니다
'Water saw its Creator and blushed'
'물이 그 주인을 만나니 얼굴이 붉어지더라'
채점을 매던 시험관들의 만장일치로 만점을 받았다는 이야기는 시인 바이런의 일화입니다
예수님을 온전히 알고 있었으며 글로 표현하는 최고의 문장이 된 것이지요

글을 쓰며 마음속 겹겹이 껴입은 신앙의 옷들을 벗어봅니다
바라보시는 주님의 시선이 있어서 때로 들뜨기도 하고, 부끄러워 숨기도 하였지만 변함없이 품으시는 온기로 행복했습니다
또한 기도 속에 함께 울고 웃으며 동행하는 성도들과의 만

남이 있어서 어려움도 어렵지 않았습니다

  닳아져도 새로 자라나는 손톱처럼, 새벽이슬 털어내며 주어진 날들의 경이로움이 헛되지 않기를 바랐지만 흘려보내 버린 마음들과 나태의 옷들로 후회의 흔적만 남습니다

  더 사랑하지 못했고 더 섬기지 못한 마음들을 주섬주섬 모아 감히 작은 그릇에 담아봅니다

  물들지 않은 뻣뻣함을 책망하지 않으시고 기다려주신 예수님의 보혈에 젖어가는 어린아이면 좋겠습니다

  부끄럽지만 한평생의 고백으로 '주님을 사랑합니다'


                2025. 가을에 감사를 담아
                     임미형 올려드림

## 차례

2    시인의 말

### 1부 부르심의 끝에는

12   닭이 운다
13   말구유에 누우시다
14   거룩한 낭비
15   말고의 귀
16   자식이 죽을 때
17   부활의 사랑
18   만남
19   마중물
20   질그릇
21   일어나 걸으라
22   가죽옷 한 벌
24   배롱나무
25   매미소리
26   새 옷을 입고
27   쑥부쟁이
28   허수아비

29 　왜가리 한 마리
30 　봄비 오시는 날
31 　첫사랑
32 　신을 벗으라
33 　오후 5시 인생
34 　석남 꽃 머리에 꽂고
35 　귀뚜라미 소리
36 　헌물
37 　뜨락에서
38 　초록으로 번지다
39 　선교지에서
40 　모른다는 죄
41 　기도
42 　새 가족이 되어요
43 　귀향


## 2부 내려놓고 나니

48 　브니엘의 아침
49 　별 밭에 씨를 뿌려
50 　복이 있다 하시오매
52 　꽃차를 우려내어
53 　강아지풀

| | |
|---|---|
| 54 | 못다 핀 꽃 |
| 55 | 레아의 기도 |
| 56 | 복수초의 다른 이름 |
| 57 | 별 바라기 |
| 58 | 행로 |
| 59 | 낮잠 |
| 60 | 새의 노래 |
| 61 | 내 얼굴을 보며 |
| 62 | 스마트폰을 잃고 싶다 |
| 63 | 사랑의 동산에서 |
| 64 | 여뀌꽃을 수놓으며 |
| 65 | 산다와 산다 |
| 66 | 어정쩡한 사람으로 사는 것 |
| 67 | 스스로를 때리는 말 |
| 68 | 십 년 살이 |
| 69 | 꽃밭에서 |
| 70 | 화조도를 그릴 때 |
| 71 | 눈 내리는 날에 |
| 72 | 이천 년 살고 있는 주목 |
| 73 | 나는 나를 모른다 |
| 74 | 어느 일생 |
| 75 | 홀로 된다는 것에 대하여 |
| 76 | 숨은 노력 |
| 77 | 매화 피는 시절 |

78 다육이 키우기
79 예송리 바닷가
80 동천석실 -윤선도를 만나다
81 오일장터에서
82 발자국

## 3부 열리는 빈칸

84 길갈의 아침
86 순결한 용기
87 마길에게
88 은혜살이
89 스데반의 순교
90 여 제자 다비다
91 무두장이 시몬과 베드로
92 평생이라는 선물
93 바울에게
94 흐르는 것들
95 대문에 달아 두었네
96 계산하지 않았다
97 헌금
98 연극처럼 사는 사람
99 늙은 호박

| | |
|---|---|
| 100 | 친구 |
| 101 | 봄맞이 |
| 102 | 남이 되는 나 |
| 103 | 별이 된 친구에게 |
| 104 | 손길 |
| 105 | 감사 |
| 106 | 소중한 만남들 |
| 107 | 가식일지라도 |
| 108 | 말기암의 회생 |
| 109 | 부러진 것들 |
| 110 | 엄마 |
| 111 | 달과 눈 맞추다 |
| 112 | 순례자 |
| 113 | 누군들 꽃 같은 세월만 보냈겠는가 |
| 114 | 천성 가는 길 |
| 115 | 한 자락의 기도 |

| | |
|---|---|
| 116 | 표정 - 하나님의 흔적을 품고 |

## 1부

# 부르심의 끝에는

## 닭이 운다

꼬끼오! 꼬끼오! 꼬끼오!
꼭이오로 들리는 새벽닭 울음소리
늙은 베드로 사도는 몸을 떨었다
날마다 자고새며 듣는 닭 울음소리
뒤돌아보시던 눈빛과
네가 나를 사랑하느냐 물으시는 목소리로
닭이 울 때마다 따라 울었다

닭을 키우지 않는 도회의 숲에서
닭의 울음소리 사라져
따라 우는 심정도 무디어 가고
뜨물 같은 안개 속
진주를 목에 두른 짐승들이 맏아들이 되었다

꼭이오 예수의 피를 부끄러워하지 마시오
꼭이오 예수의 피로 일어나시오
꼭이오 예수의 피만이 생명이라오

## 말구유에 누우시다

가장 낮고 천한 냄새 나는 마굿간은
하나님께서 아들의 탄생을 예비하신 곳이라오
사람 냄새 섞이지 않은 신성한 곳이라오
하늘을 우러른 자에게만 보이는 별
목동들은 노래하고 박사들은 경배한다

뻣뻣한 고개는 장님이 되고
배부른 허영은 귀를 막았다
말똥보다 못한 뻔뻔함과
사치로 위장한 가증스런 속내 덮어주실까
빠꼼이 문을 열어 들여다본다

## 거룩한 낭비

머리에서 흐르던 향유가 발끝을 적실 때
쏟아붓는 여인의 숨길이 멎어
천상의 향으로 아득한 몽혼
세상 모든 허기를 받아 든 깊은 강줄기에
몸을 던져 건너오는 달의 향기를 기억해다오
뒤돌아보지 않아도 따라오던 발걸음과
보이지 않아도 어디서고 만나는 그리스도
가시관에 헝클어진 머리칼에서도
채찍으로 붉게 젖은 등허리에서도
향기로운 기름의 잔상이 남아
쏟아부은 손길의 체온이 남아
엘리엘리 라마 사박다니
뚝뚝 떨어지는 눈물방울도
마지막 떨구는 핏방울도 향기로웠다

## 말고의 귀

뜬소문에 미혹되어 닫혀버린 귀와
바지랑대의 끝 바람 같은 욕망이
새벽 감람원 가는 길에 앞장섰다
사탄은 예수께 입 맞추고
제자는 칼을 뽑았다
앞장선 말고의 귀가 잘렸다
베어져 나가 땅에 떨어지는
채 식지 않은 어리석은 귀를 주워
다시 붙여주시며 만지시는 손
달빛보다 밝은 희고 맑은 손
몇 번을 만져 봐도 다시 돌아온 귓속말은
나는 너도 사랑한다
눈이 열리고 귀가 열렸다
몽치를 든 자도 칼을 든 자도
입을 맞추며 거짓웃음을 흘린 자도
새벽 먼빛 속에 홀로이신 그분을 보았다

## 자식이 죽을 때

아버지 저 그렇게 죽기 싫어요
저주받은 모습으로 나무에 매달리기 싫어요
다른 길은 없을까요
꼭 제가 죽는 길이여야 하나요
꼭 제가 어린양 제물이 되어야 하나요
아버지께서 저를 버리시는 것으로만
지으시고 보시기에 심히 좋으셨던 형상들과
잃어버린 낙원이 회복된다면 그리하소서
제가 죽겠나이다 그리하소서
제가 제물 되겠나이다 그리하소서
자식의 기도에 아비 심장의 피가 몇었다
돌아서 외면하며 자식보다 더 큰 고통을 참으셨다

기도의 응답은 부활이었다

## 부활의 사랑

다시 사셔서
다시 사신 사랑으로
나의 삶에 오시려고
나를 고치시려고
나를 살리시려고
당신 없이는 죽고 말 것을 알기에
죽음을 뚫고 오신 이
얼마나 간절한 사랑이기에
관을 열고 일어나는가
사력의 힘으로 버티다가
관을 열고 살아나는가
그 사랑의 무게 알 수 없어도
내게 오신 그 발걸음이 총총하여
눈물로만 길을 닦습니다

# 만남

굽은 허리에
꿇은 무릎 사이로 부르시는 음성
고개 들지 못합니다
그저 말씀하옵소서
하얀 손이 내 거친 손목에 닿을 때
모든 것을 들켰다
부끄러움마저 벌거벗고 떨었다
내게 아무것도 없는 것을 아신다는 그 분
동화 속 왕관 없이도
허름한 옷자락에 머무는 흰 빛
떨구는 눈물이 강물이 되고서야
눈 밖에서 회전하는 허상이 멈추었다
빛이 내게로 오고 있다
시간 속에 품고 있는 영롱하고 또렷한 흔적
한 방울의 붉은 피
붉은 꽃

## 마중물

목이 마를 때마다 샘물을 길어 올립니다
목마르지 않은 생수를 주시겠다고
한 바가지 마중물을 원하십니다
갈증이 갈증이 아니라면
슬픔도 슬픔이 아닌가요
버려진 돌멩이도 노래할 수 있나요
옷자락에 기대어 듣습니다
흙 내음 바람소리 숨죽여 듣습니다
당신의 호흡에 모든 것이 살아나
쓴물이 단물 되어 콸콸 쏟아지고
당신의 시선에 외설움도 녹아
하얀 포말 되어 솟아오릅니다
먼 길 달려 온 나그네의 발치까지 적셔 주신
마르지 않은 생수로 춤을 춥니다

## 질그릇

원래 포장하지 않았다
맨얼굴이 익숙했다
장식장을 차지하지도 못했다
주인의 손안에 구르는 호두알이 되기도 하고
부르면 달려가는 빗자루가 되다가
가난한 밥상에 뜨건 김이 오르는 냄비가 된다
맴도는 습성으로 그림자로 남고 싶어
동이 가득 채워지는 포도주를 꿈꾸며
닳아빠진 틀니처럼 붙어버렸다
저를 기억하소서
곱추처럼 굽은 등을 기억하소서
물두멍에 손을 넣어 당신의 체온을 느낍니다
부서지고 마는 순간에도 웃게 하소서

## 일어나 걸으라

흐르는 세월에 손을 담가
은과 금을 구하던 사람
한 번도 걸어보지 못했고
한 번도 웃어보지 못한 굽은 등 위로
예수의 이름이 눈부시게 쏟아졌다
물살에 떠내려가는 낙엽 같은 차가운 손과
그 손 잡아당기는 뜨거운 손이 만나 일어났다
자즈러지게 기쁜 눈물 섞이어 춤추었다
혀끝에서 둥둥 떨어지는 그 이름을 외칠 때
액자 속 그림처럼 갇혀있던
수많은 사람이 쏟아져 나왔다
은과 금으로 가득 차고 있는 세상을 향해
하나의 이름으로만
주저앉은 고통 속으로 손을 내밀어
일으켜 세우시는 그 분
일어나 걸으라 명하신다

## 가죽옷 한 벌

한 마리 죄 없는 짐승의 비명과
쏟아내는 붉은 피,
그리고 침묵

그렇게 마련해주신 가죽옷 한 벌
스스로 벗을 수 없는 죄인의 옷이지만
내가 만든 나뭇잎 옷보다 따뜻하여,
그 용서가 따뜻하여 입었습니다
옷 입혀주시며 돌아서서 눈물 흘리셨을 아버지
그때는 몰랐습니다
다독이며 입혀주신 그 옷으로
부끄럽지만 부끄럽지 않게 살았습니다
유혹으로 무너진 약속과, 비겁한 핑계들이
송곳처럼 되살아날 때
속살이 터지는 아픔을 막아주었고
갈 길을 잃고 벼랑 끝에 서 있을 때
그 피 묻은 옷자락 남아있는 온기로
황량한 바람 끝 붙들었습니다
세월 가도 변하지도, 닳지도 않는 한 벌의 옷
그 사랑과 용서와 화해의 옷을 입고

이름을 부르시는 아버지 음성을 들으며
다시 옷자락을 여밉니다
부르시는 곳으로 달려가겠습니다
이제는 숨지 않겠습니다
낱장으로 흩어지는 허망한 세월이 아닌
여문 씨알을 묻으며
가죽옷 한 벌이면 족히 기쁘게도 살겠습니다

## 배롱나무

그 좋던 시절 다 지나도록
불 속 열기로 타올랐다
백날을 기다려 보았던가
백날을 소리쳐 보았던가
백날을 기도해 보았던가
하루 이틀 사흘 손가락 꼽다가
잊혀지게 놓아버린 것들이
선홍색 눈물로 피어난다
되돌릴 수 없는 애잔한 눈짓과
알아보지 못하는 컴컴한 무지와
신발도 없이 허둥대는 발걸음들이
출구를 찾아 하늘을 우러른다
일곱 번의 일흔 번까지라도
수백 번 달구어진 용서가
뙤약볕에 맑고 붉게 끝없이 피어난다

## 매미소리

빛발 속 한 그루 나무를 부둥켜안고
짱짱한 소리를 내본다
절규와 환희가 섞여버린
앵글 없는 목청으로 비밀을 쏟아낸다
먼 나라 방언은 풀리지 않아도
말리지 못하는 득음의 향연으로
천상을 향해 전하는 암호는 간절하다
갑주를 입고 모둠발로 서성이며
두 렙돈을 아낌없이 드리며
살아 온 날들과 남겨진 시간들 속에
걸러 낸 기도는 감사였다
전하지 못한 마음이었다
못다 한 사랑이었다

## 새 옷을 입고

게달의 장막이 솔로몬의 휘장으로 빛날 때도
검게 그을린 이마 가득한 욕심과
갈피마다 고인 거짓의 땟자국과
숨겨둔 누추함을 벗어버리지 못했다
잡아주시는 손에 이끌린 순간
뚝뚝 떨어지는 보혈에 모든 것이 새로웠다
단 한 벌의 옷으로 단번에 깨어났다
사랑과 눈물과 피로 얼룩진
오직 은혜로만 받아 입은 옷
상한 갈대의 흔들림에도
황폐한 빈손의 떨림에도
봇물처럼 터지는 하소연에도
바라보시는 시선에 도망하여도
고통보다 더한 오래 참는 기다림으로
바라보셨을 아바 아버지
스스로 새 옷이 되셨다

## 쑥부쟁이

들풀과 섞여 살며 반짝이지 않아도
자기 색을 잃지 않고 철 따라 피어
산천과 숨을 쉬는 한 시절이 새롭다

도회의 화려한 사람들 틈에서도
하나님 형상대로 지으심이 망극하여
하늘을 우러르면 하늘빛으로 물들까

내 빛깔이 궁금하여 뒤돌아보지만
쑥부쟁이 여린 허리보다 연약한 나는
색깔만 고르다가 한평생이 지나간다

펼쳐 든 백지 위에 붓질을 망쳐도
언제나 다독이시는 손길이 있는 것을
훗날의 옷을 입고 알게 되겠지

## 허수아비

저것 좀 봐!
챙 너른 모자는 너덜거리고
누더기에 깡통까지 매달고도
웃고 있어

세워 놓은 그 모습 그대로
그냥 그 자리에 서 있는
바보!

오매,
가슴 열어 봐
십자가 품고 있어야!

## 왜가리 한 마리


강물에 발을 담가
시간의 물살을 거스르며
왜가리 한 마리 묵언수행 중이다

오랜 시간 묵혀진 흑백사진 속
그늘 없는 아버지의 젊음 같은
사유로 키워 낸 근력은 가벼움일까

날지 않고 박제되어
뜻 모르게 허비한 날들을 생각한다
몽당연필의 남아있는 마디다

결국은 날아오를 것이다
날개가 펴지는 순간의 변화는
부르심의 반응이고 기다림의 끝이다

## 봄비 오시는 날

봄비는 이름을 부르며 오신다
고단한 꽃눈깨비 날리며 나귀 타고
음침한 골짜기 마른 뼈들을 부르신다
귀를 세워 소살대는 음성을 듣노라면
생령으로 호흡하시는 숨결이 뜨거워
검불 같은 거죽 태우고 새살을 내민다

봄비는 내 이름도 부르신다
이명처럼 들리는 빗소리에 젖어가는 이름
퍼즐 한 조각도 놓치지 않으시는
과분한 부르심에 떨고 마는 죄인의 이름
숨을 곳을 찾아도 싹이 트이고
굳은살이 연초록으로 회복되고야 마는
봄비로 부르시는 내 이름

## 첫사랑

언제부터 보고 계셨나요
내가 찾기도 전에 먼저
못난 나를 찾아오신
그 눈길을 피했습니다
뭣 모르고, 뜻 몰라서
뽀로통한 입술로 웃지도 않았어요
맞지 않은 옷을 포개 입고
자꾸만 도망가는 뒷걸음을
기다리고 기다리며 바라보시던 모습에
노를 젓지 않아도 다가가고야 말았어요
품 안에 뛰어들지도 못하고 울기만 하는
서러운 눈물 받아 머리를 적셔 주신 날
고슬해지는 안도가 싹을 틔우고
햇볕 쬐듯 해숭게 웃고 말았습니다

## 신을 벗으라

거룩한 땅을 내디딜 수 없습니다
신발에 흙만 묻어있지 않아요
익숙한 핑계들이 덕지덕지 묻어있고
공정한 추에 매달아주신 광야의 시간들
포기해버린 편안함을 들추고 싶지 않아요
바람 속의 모래알처럼 아무것도 할 수 없어요
차라리 부르시는 불꽃에 타오르게 하소서

부르시는 이름만으로
지팡이가 되어주시겠다고 앞장서 걸으시는
스스로 계신 오직 한 분
신을 벗고 맨발로 따라갑니다
발바닥에 핏물이 고여도
발자국 포개며 걷는 길이 선명하여
십 년을 하루처럼 살았습니다

## 오후 5시 인생

해가 산등성이에 걸려 얼굴이 붉어질 때까지
무던히도 기다리고 찾았지만 허탕이었다
재주 없고 가진 것 없는 초라한 형상으로
배고픔과 외로움이 서러움 되어 서성일 때
마주친 시선에 그렁하게 고이는 눈물뿐
내밀어 주시는 손에 낙엽 같은 손을 포갠다
너는 내 사랑하는 딸이다
아직 늦지 않았다
지금 함께 가자 나의 포도원으로
폭포수처럼 쏟아지는 물길이 트이고
주저앉은 어깨가 들썩였다
은혜로다
값없이 주시는 은혜로다

## 석남 꽃 머리에 꽂고


석남 꽃 한 아름 안고 찾아온 님이
함께 가자 어여쁜이여 손목 이끌며
꽃가지 나누어 꽂아주었네
관 속의 사람 되어 꿈처럼 찾아온 이
맨발로 따라가 서성이는 길목에
큰 사랑으로, 큰 사랑으로
죽음에서 깨어난 님을 보고
죽을 것만 같던 나도 살아나
노래하고 춤추며 남은 생을 살았네

## 귀뚜라미 소리

온 밤을 꼬박꼬박
가을의 기도는 감사뿐일까
잊지 않으려고 부르는 이름과
채워지지 않아 비루하게 뛰는 심장과
어쩌다 걸려든 부스러기 감사로다
밤이 되면 삭임질하는 들풀의 하소연이
끊어내지 못하는 천년의 습관으로
핑계를 찾는 것이 현명한 계산이라고
어둠 속 더듬으며 소리로만 존재한다
누군지도 모른 채 숨어버렸다
차라리 눈이 붓도록 울어나 보자
섬돌 밑에 엎드린 무릎 위로
밤을 새운 이슬이 옷이 되었다
새벽빛의 온기에 화관을 얻어 쓰고
꿈으로 이어지는 소명을 찾아
날래게 뛰어보자

## 헌물

꽃잎 떨군 자리에
푸른 잎새가 품어 키운 눈웃음으로
풋열매의 몸집이 커간다
벌레에게 먹히기도 하고
제풀에 힘에 겨워 떨어지기도 하며
밤의 통증과 바람의 유혹을 이겨낸
통통하게 살이 오른 남은 것들만
붉은빛으로 윤이 난다
생명의 빛을 받아 어른이 되고
속사람이 익어가는 발효의 시간을
기다려주신 꿈길 같은 사랑 앞에
튼실한 열매 모아 아낌없이 드리고
일그러진 열매도 눈물 섞어 드린다

## 뜨락에서

매화 피고 명자꽃 피고
혼자 보기 아까운 꽃들이 핀다
태초에 지으시고 보시기에 좋았다고 끄덕이신
하나님도 혼자 보시기 아까워 나를 부르셨나
봄밤을 적시는 향긋함에 주님을 초대하여
곡진하게 차려주신 꿈같은 세월을 함께 보며
정금 같은 감사로 웃고 싶다
예수님 한 분으로 족하게 살았음을 고백하며
몽롱하고 어질하여 몸 둘 바를 모르겠지
염치없어 고개 들지 못하고 간청하옵기는
꽃무덤 되어 시들지라도
죄의 모습은 꽃으로 가려주옵소서

## 초록으로 번지다

풀빛들의 글월이 올려지는 감사의 계절
색연필로 메꾸어 놓은 지면처럼
초록은 꽃들의 배경이 되고 의미가 된다
한 시절의 풍요가 빛나는 것도 모른 채
흘려보낸 무지가 꽃가루 되어 날리고
스며들지 못한 청명함이 광야를 떠돈다
결핍의 공간에서 호흡하시는 창조주를 만나
한 움큼의 마르지 않는 생수를 얻는다
물빛처럼 푸르른 날에 목을 적시어
초록으로 물들어 거듭나면은
뛰는 걸음으로 세상의 끝을 향해 달려보자
나도야 누군가의 배경이 되어주고 싶다

## 선교지에서

흙바람 섞인 살내음으로 움집에 모여 산다
까만 눈이 머루알처럼 반짝이는 아이들과
입는 둥 마는 둥 흘러내린 옷자락과
얽어맨 대나무 벽에 붙어있는 가족사진 몇 장과
그을린 그릇 몇 개가 전부인 살림살이
구운 생선도막을 나뭇잎 위에 펼쳐두고 둘러앉아
마른 빵조각에 붙어있는 벌레가 예사로운 사람들
얼마간의 자선으로 우월감이 들통날까 하여
맨손으로 생선을 들고 함께 먹는다
하나님 형상을 만나
헤어지면 잊혀지는 먼 나라 아이의 손을 잡고
잊혀지지 않은 흔적이 되고저 기도한다

## 모른다는 죄

누구를 속인 거짓이 없었소
권력의 힘으로 힘없는 사람을 누르지 않았소
나귀 한 마리도 남의 것을 욕심내지 않았소
오직 왕이신 하나님 나라의 백성으로 살았소
선지자는 말하지만 백성은 소리친다
왕을 세워주시오 부자가 되고 싶어요
왕을 세워주시오 명예가 필요해요
왕을 세워주시오 적들을 막아야 해요
눈에 보이는 힘에 의지하여
죄를 해결할 수 없는 무능을 감추려 한다
왕국의 보좌는 어지럽게 회전하고
백성들은 제자리걸음으로 지쳐가다가
누구도 웃지 않는 구름으로 떠돈다

## 기도

금요 철야기도회에 주님을 크게 불러
오만가지 탐욕으로 속 빈 가슴 채웁니다
매운 눈물 고여 오는 서러움으로
벼랑으로 밀려나는 억울함으로
흉터 없는 순전함만 고집하다가
십자가에 못을 박고 있는 줄 몰랐습니다
상처투성이 당신 모습에 망연하여
벌레처럼 부끄러워 숨었었는데
새벽 햇살로 부활하여
내 마음 건져가라 비시그니 웃으셨지요
기다려 주시는 사랑을 알 때까지
수많은 못질을 참으셨지요

## 새 가족이 되어요

낯설고 어색하게 삽목 된 입양아
백기를 꺼내 들고 투항을 한다
아는 이 없는 맹숭한 얼굴들과
먹고 마시며 길들어 가지만
망설임의 찌꺼기와
멈추지 않는 판단의 추와
믿기도 어려운 성경 속 말씀들
졸음으로 저항하며 버티는데
뿌리내려 굳기까지 물주기 하며
진심이 발효되어 향기가 되도록
손잡아 체온으로 기도한다
애달픈 사연도 고달픈 육신도
문을 열고 들어와 쉼을 얻도록
품으시는 주님께로 등을 떠밀면
한순간의 눈맞춤에 숙여지는 고개
젖어드는 말씀으로 반석을 얻는다

## 귀향

내 조부모의 고향은 시골 농촌의 보통 집이었다
방학이면 내려가서 보름 가까이 지내다 오곤 했는데
초등학교 3학년쯤에는 한동안 할머니와 함께 살게 되었다

할머니는 내 긴 머리에 동백기름 발라 양 갈래로 땋아 주시고 고모는 색동저고리를 만들어 입혀 주시기도 하며 온갖 사랑을 받았다
도시 아이가 왔다고 호기심 많은 동네 아이가 몰려들었다
내가 모르는 동네 이야기를 물어보지 않아도 들려주었다
할머니네 마을 어귀에는 넙수네가 살고 있었는데 소문에 넙수는 바보여서 국민학교를 7년 다녔다고 수근거렸다
어느 때는 동네 언니들이 나를 데리고 거의 한 시간 거리에 있는 면 소재지로 영화를 보러 다녔다
눈이 푹푹 빠지게 쌓여있는 어느 일요일 밤,
영화를 보고 돌아오는 길은 눈이 와서 대낮처럼 환하여 추워도 추운 줄 모르고 뛰었는데 한참을 가다 보니 앞에 느린 걸음의 할아버지와 할머니가 아기 이불만 한 솜 포대기를 둘러쓰고 걸어가고 계셨다 아무도 말을 걸지 않았고 우리들의 웃음소리도 멎었다 가까이 가서 언뜻 보니 넙수 할아버지와 할머니셨다 걸음걸이도 불편하여 고개를 숙인 채 기우뚱기우

뚱 천천히 걷고 계신 행보에도 아이들은 아무도 앞지르지 않았다 넙수 할아버지와 할머니가 이 밤에 나란히 흰 눈을 밟으며 예배당에 가서 저녁예배를 드리고 오는 길이라는 것을 나만 몰랐다 엄숙하기까지 한 행렬은 마치 순례자의 길처럼 조용하게 마을에 닿을 때까지 계속되었는데 지금도 그때의 모습이 눈에 잡힐 듯 선하게 남아있다

나중에 할머니에게 들은 이야기로는 언제부터인지 모르지만 넙수 할아버지와 할머니는 예수쟁이이고 우리 할머니에게도 예수 믿으라고 전도 하셨다고 한다
우리 할머니도 그 영향으로 노년에 예배당에 나가셨다
마을 한켠에서 가난하고 힘없이 사시는 중에도 믿음으로 사셨던 넙수 할아버지를 도시로 나온 후로는 잊고 살았다
그때 나는 어려서 아무것도 몰랐었다 그저 바보 넙수를 쉬이여기며 지나쳤었다 할머니 심부름으로 떡을 나눌 때나 그 집 마루에 가만히 떡 그릇을 두고 왔었으니까
세월이 많이 흘러 고향 집도 없어지고 갈 일도 없어서 잊혀지게 되었어도 가끔 부르는 노래처럼 생각이 나기도 했다
어느 해 고향을 지나가게 되었는데 멀리서 차창 너머로 보이는 마을 풍경이 눈에 들어오니 가슴이 울렁거렸다 그런데 눈을 반짝이며 보게 된 놀라운 풍경은 뾰족하게 우뚝 서 있는 예배당 종탑과 주황색 지붕의 벽돌집 교회 모습이었다
저곳은 분명 넙수 할아버지네 집터였는데… 교회가 세워지다니!

하나님 보시기에는 당연한 일이었으나 보구나
가슴은 말할 수 없는 흥분으로 뛰고 있었다

2부

# 내려놓고 나니

## 브니엘의 아침

절뚝 절뚝
한 사내가 절뚝거리며 걷는다

밤새도록 엎치락 대던 씨름 한판
눈물로 범벅이 된 얼굴과
핏줄이 터지는 몸부림 끝에
환도뼈가 아려왔다

제발 이 두려움에서 건지소서
바꿔주신 절뚝발이 새 이름
이긴 자

절뚝 절뚝
져 주신 사랑임을 알았을 때
온몸에 부딪히는 태초의 광채로
쏟아지는 햇살 속으로 나는 듯이 걸어간다

## 별 밭에 씨를 뿌려

하늘을 나는 날개옷을 입으면
태몽을 품고 자라는 허망한 꿈들과
바벨탑을 쌓다 죽은 혼령들과
제 그림자를 밟으며 달려온 심장 소리
낮달로도 뜨지 못하는 별들의 외침으로
별 밭에다 뿌려놓은 눈먼 씨앗들이 싹을 틔운다
천공을 달리는 마력과
속도를 따라 팽창하는 시간과
은빛 날개의 퍼득임에 춤을 추었다
이름 모를 누군가의 공력은 탑이 되었다
하늘길이 열릴 때 뒤섞이는 들꽃 같은 언어들은
날랜 꿈들을 앞당겨 피워내고
바다를 끌어당기는 허영으로 치장을 하며
설은 이에게도 헤픈 웃음을 흘린다
하늘 가까이에서는 씨앗을 뿌리자
밤새워 옷깃을 부비는 풀벌레 소리로
한마디 말의 가벼움까지 고백하면
무게를 내려놓고 고해성사하는 경건한 티끌이 된다

## 복이 있다 하시오매

심령이 가난한 자는 복이 있다 하시오매
가진 것 다 비워 낸 기쁜 풍요로
주님의 뜰을 채우게 하시고

애통해하는 자는 복이 있다 하시오매
주님의 체온으로 흐르는 생명 강가에
토악질하여 쏟아내는 선혈일랑
꽃으로 피어나게 하시고

온유한 자는 복이 있다 하시오매
땀으로 씨 뿌리고 한숨으로 거둘지라도
감사로만 감사로만 드려지게 하시고

의에 주리고 목마른 자는 복이 있다 하시오매
한 날, 한 날, 산 제사가
주님의 몫으로만 비워두게 하셔서
주님만이 채우시는 삶 되게 하시고

긍휼히 여기는 자는 복이 있다 하시오매
내 눈 속에 계신 주님

형제의 눈물 속에 참 소망 비추이게 하시고

마음이 청결한 자는 복이 있다 하시오매
못난 모습 이대로 쓰시기에 족하도록
언제나 정갈히 씻어두게 하시고

화평케 하는 자는 복이 있다 하시오매
어찌해도 못 다 갚을 사랑
이제는 제가 죽겠나이다
이제는 제가 죽겠나이다 무릎 꿇게 하시고

의를 위하여 박해를 받은 자는 복이 있다 하시오매
주께서 쓰실 적에 탐내는 무리 있어 훼방하고 찢기어도
손바닥 새긴 사랑 내가 믿는 믿음으로
아픔 속에 눈물 속에 찬미하게 하시고

끝내
벌거벗은 수치조차도
알지 못하는 아이처럼
주님 뜨락에서 웃게 하소서

## 꽃차를 우려내어

약속하지 않아도
작년에 피던 꽃이 올해도 피었다
자랑을 들어주는 친구와 꽃차를 나눈다
유리잔에 피어나는 꽃송이 따라
벙그는 향기에 가늘어지는 눈매는
사랑으로 토렴한 따뜻한 사람
그 많은 덖음질에도 제 모습을 지키는 사람
숨겨둔 눈물을 뜨겁게 우려내며 웃는 사람
취한 듯 홀린 듯 몇 번의 찻물이 오가는 동안
겨드랑이 돋은 날개가 꿈틀댄다
머금은 꽃들이 피어나면 함께 날아보자
가난한 자의 감사로 열리는 하늘 문에서
꽃비가 쏟아진다

## 강아지풀

가지런한 솜털 부비던 꿈의 시절
갓길로 밀려나 풀이 되어 버렸다
감히 머리 둘 곳 없지만
가는 허리로 세워가는 세월
꽃이 아니라도 흔들거렸다
채색하지 않은 누추한 외벌에도
보송보송 씨알을 품었다
하늘 땅 모두에게
스스로 숙여지는 고개가 자랑이어서
몰래 웃었는데
조아리는 머리에도 헛것이 붙어
포동포동 살이 쪄간다

# 못다 핀 꽃

치자 꽃봉오리 머문 자리에 꿈틀대는 자벌레
들키지 않으려는 변장술에
떨어지지 않는 흡착으로
녹두 알만한 배설물이 물증이 되어 잡힐 때까지
배가 터질 듯 먹고 먹는다
순전히 부모의 공덕으로
치자나무에 거처를 마련하고
꽃이 피지 않아도 알아보는 탐색가는
연하디연한 순정을 상처 내며
송이송이 내어주는 희생으로 배를 채운다
침묵의 눈물도 모르면서
나비 되면 찾아온다고 뻔뻔하게 둘러댄다
꽃의 상처가 양식인 줄 그때는 몰랐다
나비가 되고서야 만나게 되는 못다 핀 향기가
죄의 삯이라는 것을

## 레아의 기도

원망이 찬송이 될 때까지
기다려 주신 여호와여
하나님의 사랑에 비할 바도 못 되는
남편의 사랑만이 갈급했습니다
면류관처럼 주신 자녀들
서러운 시간들의 보상인지요
아이들의 재롱으로도 견뎌지지 않는
화살촉의 날카로운 비명을 품었습니다
야곱을 만나지 않았다면
라헬의 언니가 아니었더라면
조금만 더 예뻤더라면
독이 퍼져버린 멍든 시샘으로는
하나님을 뵐 수가 없어
낳고 낳으며 견뎠습니다
야곱을 두려움에서 지키시듯
이 어두운 불안에서 건져 주시옵소서

## 복수초의 다른 이름

봄보다 일찍 겨울이 가기 전에
보내온 다급한 편지
덜 녹아 차가운 잔설을 재치더니
얼음새를 뚫고 황금잔을 내민다

용서하고 웃어보시오 복수초는
흰 눈 속에서 손을 내미는 용서랍니다
두 손 가지런히 비워낸 기도랍니다
하늘이 열려야 피어나는 웃음이랍니다

고통은 분토처럼 흩어지는 한 줌 흙이거니
봄이 오기 전에 용서의 씨앗을 뿌리고
언 물 녹는 소리에 귀를 씻노라면
새롭게도 그분의 웃음소리 들린답니다

## 볕 바라기

가을볕 아래 조각보 펼치듯
수분을 머금은 알몸으로 눕는다
말라서야 곳간에 드는 것들의 고집으로
곡식과 잡곡들이 마르는 사이
가지와 토란대가 항복하는 사이
내일 일을 앞당기는 눅눅한 한숨을 말린다
소낙비에 젖은 벼락같은 두려움도 말린다
거짓 웃음도 말리고 기도 없는 눈물도 말린다
물기 없는 본성으로 버텨보자고
초라해진 겸손은 단단히 여물어간다
휘발되어버린 기억들의 꼬투리만 남아
가벼워진 봇짐이 알곡들로 수북하다
함박웃음 지으시는 아버지 얼굴 선연하다

## 행로

복 있는 사람은
악인의 꾀를 좇지 아니하며
탁류에 휩쓸리지 아니하는가
눈물의 강에 밥을 말아 먹는다는
한 마리 잃어버린 어린양이
들 찔레 넝쿨 속을 헤매일 때
산딸기 열매의 달큰함과
포기되지 않는 생각의 유혹을 따라
일상에 머무르는 나태의 옷을 벗고
끝이 보이지 않는 곁길로 간다
무리 지어 갈 때는 몰랐던 한눈팔이로
바람의 향기가 새롭다
길을 잃은 것이 아니랍니다
스스로 견디는 포만감에
상처와 배고픔도 즐기는 여유를 택하였지요
청류가 흐르는 곳에 도달하여 목을 적실 때까지
주님의 시선으로 지켜주세요

## 낮잠

한 마리 호랑나비 날개를 접어 잠을 잔다
꽃향기에 가물가물 눈이 감긴다
돌 틈에서 노숙하던 어린 시절에
게으른 푸념으로 잠만 잤는데
낮잠에도 살이 붙어 몸이 커졌다
생각이 많아진 나이에도 졸리는 사이
멀리 멀리 가보지 않은 곳에
내가 아닌 다른 모습으로 간다
모르는 사람을 만나고 살기도 한다
잠깐 사이 꿈으로만 가는 곳
찾아갈 수도 없는 곳으로 훨훨 날다
몸으로 돌아오는 잠 속의 세상에는
나도 모르는 많은 내 모습이 산다
애벌레와 나비 사이 잠의 시간
모든 것이 변해버렸다

## 새의 노래

한 마리 새의 소리로 산 하나가 들썩인다
창공처럼 터진 목청으로 떠도는 소리
장원봉 산허리를 돌고 돈다
휘휘 신이 난 몸짓으로 날아
무등산 너머, 화순 안양산 너머
산을 옮기며 소리로 문장을 짓는다
잊혀지지 않으려는 조바심으로
나무와 나무 사이 길을 만들며
하고 싶은 말을 아끼지 않는다
산이 듣고, 나무가 듣고, 구름도 들으라고
산짐승도 듣고, 땅속 벌레까지 들으라고
천지를 만드신 하나님을 외치며
아들을 주신 사랑을 노래한다
윤이 나는 소리에 모이고 흩어지고
자빠지다가도 일어서고 울다가도 웃는 산천
어제도 오늘도 한 음 한 음이 또렷하다

## 내 얼굴을 보며

고요함에서나 볼 수 있는
면경 속 멀뚱한 얼굴
마주하며 빤히 들여다봅니다
나는 나를 모릅니다
나날이 다른 낯이 생경스러워
안쓰럽게 쓰다듬으면
따라서 쓰다듬는 손
몸짓이 하나인 듯하여 나인가 하다가도
하양 꽃 피우다가 붉은 열매 맺는
꽃 따로, 열매 따로, 별개의 모습 속에
나는 무엇일까
다른 이를 더 많이 보고 살면서도
하루에 몇 번 보는 내가 소중하여
나 아닌 것은 남이라고 돌아설 때
네 이웃을 네 몸같이 사랑하라는 말씀
내가 마주하는 얼굴들이 나인가 봅니다

## 스마트폰을 잃고 싶다

언제부터의 유혹일까
진화되는 문명이라고 핑계를 대며
편리함의 미끼에 걸려들었다
쏟아지는 정보와 이야깃거리에 눈을 맞추며
겉도는 세상에 취해 비틀거린다
경건의 시간을 쉽게 내주며
스며들고 중독되어 야위어간다
혀끝을 적시는 마법의 약물처럼
세상을 손안에 쥐고 행복하다고
믿고 의지하며 신봉하는 교주와
눈을 뜨고 있는 모든 순간을 동행한다
사막을 달리고, 오로라에 취하고
가지 않고도 만나주는 친절함에 그만,
영혼까지 팔아버렸다
모든 것을 알고 있는 무한한 저장능력에 기대어
바보가 되어가는 행로에서
헤어지는 연습을 해서라도 이별하고 싶다
보고 싶어 죽을 지경이라도 떠나보내고 싶다

## 사랑의 동산에서

타고났다고,
훈련받은 용사라고
속마음 들키지 않은 사람들
물질도 시간도 재능도 쏟아부으며
바보마냥 웃고 있는,
주님 품속의 사람들
십 년도 백 년도 같은 마음일 것만 같아
저절로 머리가 숙여집니다
비워내고 채우시는 끝없는 사랑이
계산할 수 없는 산이 되고 바다 되어
뭉클뭉클 더운 가슴 아려옵니다
발을 부벼 씻겨주심 닮아가며
발등에 떨어지던 눈물 생각에
차마 고개 들지 못합니다
이름이 없어도 좋았습니다
파도에 구르다가 모서리 없는 몽돌 되어
모래알로 남는 세월 견디라 하셔도
아버지 사랑 안에서 모든 것이 빛났습니다

## 여뀌꽃을 수놓으며

가을 소슬바람이 잊혀진 것들을 소환한다
밤바람에 홀로 앉아 있노라면
달빛에도 부끄러운 귀뚜라미 소리와
여뀌꽃이 붉게 핀 언덕 너머 고향집과
아직도 맴도는 유년의 벗들 이름과
운동회 때 싸간 도시락의 맛난 음식들과
종갓집에 모여든 신발들을 헤아리던 기억
멀리 와버린 미안함을 수놓으며
바늘 끝으로 고샅길을 더듬는다
여뀌꽃 몇 송이 수놓았을 뿐인데
거꾸로 간 시간은 꿈처럼 아득하고
흑백사진 속 갇혀버린 얼굴들이 튀어나온다
착하고 순한 동화 속 아이를 만나
내가 되기도 하고 네가 되기도 한다
기억하지 못하는 본향에 가면
나는 어떤 모습일까

## 산다와 산다

먹을 것을 사고,
입을 것을 사고,
살기 위해 사는 것이 수북이 쌓인다
사지 않으면 살 수 없는 세상에서
값없이 목숨을 팔아버린 사람
그렇게 그는 살아간다 지금도
사지 않고 팔아버린 목숨값으로
나도 살고 너도 사는 것이다

## 어정쩡한 사람으로 사는 것

어느 것 하나 빛나는 것 없이
그저 그런 일들로 채우는 모눈종이 시간들
골목 어귀에서 만나는 여늬 사람처럼
힘없는 푸념만 늘어가다가도
갈피마다 흔들리는 풀잎이다가도
백발의 부끄러움 감추려 하다가도
그러저러한 날들 속에도 그분이 계셔서
사랑할 수 없는 사람도 사랑하고
용서할 수 없는 사람도 용서하며
그렇게 사는 일이 그저 그런 삶이었다고
푸성귀 같은 이무러움으로 평평하지 않은 언덕을
평평하다고 생각하게 하는 그분이 계셔서
춤사위도 흉내 내며 흥겨운 가락으로
그저 그런 날들도 소중히 담아
오직 한가락 감사의 노래로 채웠노라고

## 스스로를 때리는 말

아는 이의 착한 일 보며 칭찬하면서도
별것 아니라고 속마음의 똬리가 풀릴 때
나는 나쁜 년이네
겉으로 겸손과 온유의 옷 입고는
까맣게 그을린 그림자가 판화처럼 묻어나는 모습
나는 나쁜 년이네
기도 시간에 헛생각 담아 우러르며
이말 저말 늘어놓고는 진실하게 기도한 척
나는 나쁜 년이네
요양병원에 칠팔 년 세월 누워만 계시는 엄마
가끔 간식 넣어드리며 그것도 효도라고
나는 나쁜 년이네
남이 나를 알아주길 바라면서도
가식으로 포장하며 아니라고 손사래 치는
나는 나쁜 년이네

## 십 년 살이

더러는 좋아서 하는 일이 있다
십 년을 하다 보면 어린아이쯤 될 성싶다
이십 년쯤 파다 보면 속살이 보일꺼나
삼십 년을 이어보면 물길이 열리려나
다시
어린아이로 돌아오려면 얼마쯤 걸리려나

## 꽃밭에서

채송화 까만 씨를 뿌려놓고
목다심으로 들여다보는 시간
쭈그리고 살펴도 알 수 없는 씨앗의 비밀
아무도 들어갈 수 없는 씨방에는
시방도 꿈꾸는 기도소리 뜨거워
까맣게 타버린 손을 모아 하늘 문을 두드린다
숨 고르며 눈 맞춤 하다
땅에 붙어 수줍게 떨던 봉오리가 터지면
별빛 모아 빛나는 찬란함을 만난다
잉태하지 못한 한나의 기도가 하늘에 닿아
하나님도 덩달아 기도하신 듯
연달아 피고 지는 채송화 꽃밭에는
걸음걸음 세고 계신 헤아림으로
아버지의 추임새는 나비 되어 들썩인다

## 화조도를 그릴 때

마알간 화선지 한 자락에
먹물 헹군 붓을 들어
뭉툭한 나무 둥치와 곁가지를 그린다
가지마다 듬성듬성 꽃이 벙글어
향기 따라 가지에 앉은 욕심 없는 새
꽃이 다칠세라 떨고 있다
숨이 멎어도, 먹이가 없어도 배부른 새
찬 가지에 디딘 시린 발이 애달하여
매화꽃 송이송이 그리고 그려 넣어
몇 마리 친구 새들 불러온다
참새 한 마리 꽃가지에 앉히려고
그 많은 꽃들의 향기를 모아
꽃그늘에 반짝이는 햇살을 모아
오직 믿음으로 사는 의인 되라고
꼿꼿한 고개를 꺾어버렸다

## 눈 내리는 날에

바람 없이도
길잡이 없이도
그 먼 길을 소리 없이 달려와
밤새 하늘 모형을 만들어 놓았다
봄날부터 욕심부려 안고 있던 것들이
잠든 사이 홀연히 사라져버렸다
버리고 싶어도 버리지 못한 끈끈한 흔적
몇 날을 앓고도 끊어내지 못한 감기처럼 젖어
삭신을 파고들 듯 떨게 하던 주홍빛 추위가
흰 눈으로 덮으신 꿈길에서 아늑하다
아무 공로 없이 새하얗게 덮어주신 형상이
롯의 아내처럼 굳어 가는데
모른 척 해주시는 고갯짓이 다수워
푸른 용기 불꽃처럼 돋아나고
못난 모습 녹게 하시는 회복의 은혜로
백낙처럼 다시 새 눈이 내리고 있다

## 이천 년 살고 있는 주목

남쪽 천사의 섬에 가면
이천 년의 시간을 지나온 주목 한 그루
박제된 신선의 백발에 혼절하고야 만다
겨우 백 년 살이는 꽃 자랑에 배부르고
산을 옮기듯 이사하고 가꾸며 추앙하고
주름을 성형하고 카드잔액에 긴장하며
구겨져가는 거울 앞에 대책을 세운다
사랑하고 미워하고 울고 웃다가 바람이 된다
천년이 하루 같다는 주목의 얼굴은
헛되고 헛되고 헛되다고 기염하며
남겨진 수염을 쓸어내린다
이천 년을 살아 본 그도 한 줌 재가 되어
만물을 지으신 이의 품으로 돌아가겠다

## 나는 나를 모른다


 달이 둥글다 하여 둥글다고 말하다 보면 달은 어느새 둥그런 틀에서 몸피를 줄이며 변해있다 꽃이 피는 것도, 계절이 서성이는 것도 순간이고 그 순간은 노을빛처럼 변하는 집합의 일부이다 나도 변하는 것들에 편승하여 순간순간 나도 모르게 변한다 외모도 변하고 생각도 변한다 나는 누구인지도 모르게 변하는 속도를 따라갈 뿐이다 불완전한 내가 완전한 속도를 이탈할 때의 혼돈이 두려워 귀를 열어 옥수수 열매가 여물어가고 고구마가 땅속에서 맛들어가는 속도를 가늠할 뿐이다

# 어느 일생

왕벚꽃이 무리 지어 필 때면
어린 이파리가 보이지 않아도
아무도 궁금해하지 않는다
꽃이 지고서야 파릇한 속내를 내보이며
푸르게만 하늘을 우러르던 잎들이
붉게 물들어지고 마는 가을 되면
땅으로 내려와 바삭이며 구른다
밟히고 뭉글어지며 흙으로 돌아간다
작년에도 올해도 내년에도
백 년을 반복하는 왕벚꽃 나무에게
왜 사느냐고 물어본다
봄날에 피는 꽃 보며 웃고 있는 이가
꽃을 닮아 온 삶에 꽃송이가 퍼지도록
힘을 모아 꽃피우며 견디는 것이라고
낙엽의 말을 듣는다

# 홀로 된다는 것에 대하여

뼈맞춤으로 함께 살다가 홀로 된 사람
허공에 맴도는 초상을 좇아 우는가 보다
따라갈 수 없는 곳이라도
부르면 돌아올 것만 같아
기도길을 서성이는가 보다
살았을 때 무심했던 눈길에 후회가 짓무르고
다하지 못한 말들이 손톱을 후빈다
하나님 아시지요 착한 사람이었어요
남의 흉까지도 덮어주는 따뜻함이
씻어놓은 빈 그릇처럼 정갈했어요
천국으로 손잡아주세요
흠이라면 나를 잘못 만나 태산 같은 원망이 쌓였고
울어보지 못한 눈물이 우물처럼 깊을 거예요
위로하시는 하나님의 손길만을 의지합니다
굳은살 박힌 손바닥으로 얼굴을 감싸는 기도

## 숨은 노력

풀에는 독이 있다
어쩌다 스치는 결에도 품어 내는 독
풀에는 칼집도 있다
어설피 다가가면 어느새 칼을 뽑아든다
풀칼에 손을 베이면 입김으로 달래야 아문다
물길을 거슬러 오르며 버티는 물고기의 근육처럼
바람과 섞이며 날을 세운 시간들과
꽃 없는 허망한 울타리를 지키는
나무랄 수 없는 방어의 흔적이다
밟히면 일어서서 울고
뽑히면 누운 채로 발을 굴러
들과 산천의 빈칸을 색칠한다
뽐내는 잘난 것들과 키 재기 하다가도
겸손을 가르친 흙을 의지하며
초라하지 않을 만큼만 날을 세운다
풀씨 날리며 웃는 뉘엿한 날에는
바람에 떠도는 유랑의 종족으로
멸망하지 않는 영원을 꿈꾼다

## 매화 피는 시절

찬바람 매달린 겨울 끄트머리에
붉은 옷자락 여미는 홍매화
희고 맑은 입김으로 다가오는 청매화
송이마다 취해버린 몽롱한 숨소리는
매화가 피고 또 피는 사순절에
피멍울을 꽃으로 피워내며
내가 울던 눈물자리 찾아와
아이의 솜털처럼 망울망울 웃으신다
바람도 늬 것이고 햇살도 늬 것이다
얼음 녹는 날이 오면
꽃 핀 가지에 새가 찾아들 듯
눈물 떨군 꼬투리가 환하게 밝아진다고
붉은 꽃도 하얀 꽃도 다른 향기로 다가와
온갖 숨결로 다독이시는 주님

## 다육이 키우기

어쩌다 들여다보는 틈 사이
몰래몰래 혹이 붙는다
배가 터지도록 먹고 싶은 식욕 없이도
꽃발 디뎌 뽐내고 싶은 욕심 없이도
시간을 늘여가는 조바심 없이도
기다림에 이력이 붙어 선인이 되어버렸다
늘어짐과 구부림도 보채지 않아
집 한 칸의 자족으로 거뜬히 버틴다
꽃 없는 세월, 벌 나비 없어도
남모르는 번식을 자리매김하며
한 종지의 흙에도 뿌리 내린다
버림받고도 살점 뜯어 나누어 가며
열매 없어도 들여다보시는 한 분을 찬양한다
오직 여호와로 즐거워하는 외롭지 않은 다육이

## 예송리 바닷가

보길도 예송리 바닷가에 가면
별들이 내려와 깻돌들과 몸 씻는 소리
차르르 차르르 멈추지 않은 형벌처럼
아무리 씻어도 희어지지 않는 검은 돌
짠물에 잠기는 순간에도 숨을 참았다
끝없는 파도질에도 소멸되지 않는
깨어나지 못한 알들의 기도
소리가 말씀이 되는 검은 바닷가에는
돌들이 구르다 모서리가 없어지고
부딪히는 비명이 찬양이 된다
그리 아니하실지라도 감사로 채우며
바다를 끌어당겨 몸을 씻는다

## 동천석실 -윤선도를 만나다

바위산 꼭대기에 동박새 집을 짓고
사람 사는 세상과 이별하고 싶어도
끊어내지 못한 정이 용두레에 실려온다
먼 하늘도, 먼 바다도 품어보지만
안개처럼 흩어지는 허망한 꿈
아슬하게 걸터앉은 바위도 뿌리가 있어
흔들리는 마음 의지하며 비운다
동백꽃이 송이채 요절하는 붉은 밭머리에
달을 향해 활을 쏘던 울분이 물들면
맑은 물을 길어 차를 우린다
고작 작은 찻잔에 담아보는 바다
배를 띄우는 어부들의 노래만 아득하구나

## 오일장터에서

오일의 기다림으로 열리는 부산한 장터
새벽 갓밝이에 서두른 발걸음들이 펼쳐있다
살고 싶은 사람들의 소리가 결연히 섞여
덩달아 살고 싶어지는 꼿꼿한 뜨거움이다
지문이 닳아 없어진 조개 까는 손
갈래머리 소녀 적 시절이
한 개비 성냥불처럼 지나갔다
생선을 토막 내며 불어나는 지폐는
고스란히 자식의 고갱이가 되겠지
마늘을 사며 그들의 겨울을 생각했다
종자를 심은 늦가을의 서리 맞음은 잊고
꿈으로만 이어지는 겨우살이도 잊고
마늘 캘 때부터 값을 매기는 셈법으로
지불되어지는 노동의 빈칸에
누군가의 간절한 입김이 기도처럼 번져있는 곳
오일장을 둘러보시는 주님 발소리 섞여있다

# 발자국

　스쳐 온 시간들 속에 가끔씩 꺼내보는 아련한 인연들이 있다
　오십이 가까운 나이에는 청년들과 어울려 부흥을 꿈꾸며 밤낮 없이 기도하고 찬양하고 이야기 나누며 밤이 새는 줄도 모르는 세월을 보냈었다 청년들은 더 깊고 더 아련했다
　불안한 장래와 사랑과 신앙을 위해 기도하다가도 절망하고 아파했다
　비가 오는 날 노랑 장미 한 아름 안고 찾아온 청년은 그날 행여 아픈 마음을 털어놓으려고 온 것은 아니었을까
　순전히 적금 든 돈으로 새 차를 샀다고 아반떼 시승 시켜준 청년은 지금 생각해도 대견하고
　여자 친구 손잡고 찾아와 소개하며 짝꿍 삼고 싶다던 군대를 갓 제대한 청년은 잘살고 있겠지
　붕어빵 한 봉지 사 들고 와서 산에 올라 야경 보러 가자고 조르던 웃음기 가득한 청년은 그때 혹여 무슨 걱정이 있었을까
　여름 성경학교 시골봉사 나가면 잘 자란 벼들이 정돈된
　초록으로 빛나고 달빛 훤한 여름밤 개구리 소리마저 기도처럼 들리던 짧고도 아름답던 시절이었다
　놓치고 흘려버린 감정들이 새삼 떠올라 세심하게 챙기지 못한 마음을 후회하기도 한다
　믿음의 청년들은 이제 목사가 되고 사모가 되고 장로가 되는 세월이 지나가고 있다

3부

# 열리는 빈칸

## 길갈의 아침

40년 광야길 마른 땅의 끝에서
건널 수 없는 강물에도 두려움 없이
부르튼 발을 담가
말씀의 언약궤를 따라갑니다
그 많던 눈물 마르듯, 강물이 마르고
미움도, 시기도, 분쟁도 사라진
모서리 없는 순종으로만
하나님께서 왕이신 그 땅을 향해 나갑니다
이제, 여리고성이 무너지는 소리
하나님의 백성들의 함성 소리 다시 듣게 하십시오
유목의 장막을 옮기며
황량한 바람 속을 걷고 또 걸을 때
주시마고 약속하신 땅, 그 약속의 땅을 차지하여
열방을 향해 눈물로 씨를 뿌리는 선교와
귀가 열리는 말씀의 문고리를 잡고
원수까지도 품을 수 있는 사랑이고 싶습니다
온 삶으로 길갈의 제단을 쌓아
주의 순결한 신부가 되는 알곡들로 채우십시오
거룩한 입맞춤으로 새날을 향해 솟아오르는
여호수와의 푸른 칼날로

하나님보다 더 사랑했던 모든 허상들을 깨트립니다
오직 기도의 불씨가 횃불 되어 타오르는 소리
말씀의 씨앗이 생명의 마중물 되어 펌프질하는 소리
솟구치는 뜨거움으로 열방을 향해 달리는 거친 숨소리
죄 많고 답답한 우리의 모습은 보지 않으시고
그저 하찮은 작은 열매에도
함께 웃어주시는 주님의 웃음소리로
새 꿈이 열리는 길갈의 아침
정결한 돌들의 외침으로 단을 쌓아
뜨거운 감사의 눈물을 올립니다

## 순결한 용기

용광로 불길을 견디어
순금으로 남아 빛나는 순간
저울 없는 측량에도
알알이 드려지는 맑은 눈물로
해지된 곳간을 나와 발을 디딘다
유장하게 흐르는 강물 따라
젖어가는 불안을 안고 회전하다
언덕 저편 바라보시는 또렷한 시선에
두려움을 재치고 맨몸으로 뛰어들었다
주님보다 더 사랑했던 것들을 끊어내는
순결한 용기를 가진 자만이
물 위를 걸을 수 있었다
그러고도 그러고도
다시 두려움에 빠지고 마는
오호라 나는 곤고한 자로다

## 마길에게

무너져 내려 헐거워진 사람들
그 눈물 받아 낸 사람
죽음 같은 어둠 속 손 내밀어 준 사람
외면하고 버려진 돌무더기 끌어안고
함께 울어준 바보 같은 사람
다 내어주고도
아무것도 바라지 않은 결 고운 사람
당신의 손길은 불꽃이었소
당신의 눈길은 하늘길이었소
당신의 섬김은 천상의 노래였소

## 은혜살이

봄꽃 쳐다보듯 마주 보며 웃는 사람
속마음 열어 편지처럼 읽어주는 사람
별일 없어도 핸드폰 목소리로 종알대는 사람
아프다는 말에 바람보다 먼저 와 준 사람
실수가 아니라고 깍지 손 껴주는 사람
손뼉 쳐주며 속마음까지 채워주는 사람
느린 보폭을 맞춰주며 낮아지는 사람
작은 자의 눈물 속 간절함을 읽는 사람
손안에 사랑이 수박 속처럼 붉은 사람
유행가 가사에도 하나님 음성을 듣는 사람

만남을 주선해 주신 거룩한 통로에서
나는 누구로 살아왔을거나

## 스데반의 순교

하늘을 우러르니 보입니다
손에 잡힐 듯 안타까이 내밀어주신 손
돌을 던지는 군중들의 모습은 흉악하나
돌을 맞는 당신의 모습은 천사였지요
부서져가며 숨이 멎어도
예수께서 십자가에 달리실 때처럼
거짓 증인들의 사악한 입술까지도
용서를 구하시던 하늘마음이 보입니다
흘린 눈물은 나비의 날갯짓 되고
고꾸라지며 쏟은 핏물이 흐르고 흘러
땅끝을 향해 번져갑니다

당신을 잃은 헛헛함을
기억으로 책임지며 살겠습니다

## 여 제자 다비다

스올의 깊은 잠을 깨운 눈물에
다시 여미는 옷자락
다비다의 소생으로 눈이 부신 사람들은
예수의 빛나는 이름 앞에 숨이 멎었다
살아서나 죽어서나 생명이신 주님을 닮아
창조의 끈을 다시 잡은 여 제자 다비다
가죽옷 지어 허물을 덮어주시던
에덴의 꿈같은 하나님 사랑처럼
옷을 지어 속살을 가리어 주던 여인
지금도 누군가는 벌거벗은 모습으로
한 벌의 옷을 구걸하며 서성이고
지금도 누군가는 어둠에 갇혀
잃어버린 옷을 찾지도 못하고 있겠지
죄를 가리어 주시는 한 벌의 옷을
나누며 섬기는 자는 복이 있나니

# 무두장이 시몬과 베드로


짐승의 냄새로 초라한 이곳으로 오시다니요
죽은 자를 살린 후에도 사도는
그 많은 영광의 자리를 본 척도 않고
귓전에 익숙한 바닷물결 소리를 찾았다

어부를 부르시고 제자 삼으시고
손수 발을 씻어주심을 배반한 제자에게
물고기를 구워주시며 눈 맞춤도 간절히
양을 치라 부탁하셨지
다비다를 살린 것도 내가 아니야
내가 어떻게 죽은 자를 살리겠나
그분께서 살리셨어
나는 자네와 같은 시몬일 뿐이라네

## 평생이라는 선물

벽돌을 쌓아가듯 낱장의 날들을 쥐고
때로 팍팍한 건조함으로 밤을 새우기도 하고
웃는 모습을 남기는 사진처럼 멈추기도 하고
헛도는 형상으로 바람되어 겉돌기도 하며
시답잖은 이야기를 섞기도 한다
살수록 쌓이는 허물을 태우지 못하고
본이 못 되는 발걸음을 감추며 산다
무엇을 남기는 것이 아니라
무엇이 되느냐 무엇으로 사느냐
스스로에게 묻는다
팽창하지 못하는 지경을 탓하지 않으시고
죄의 무게를 저울질하지 않으시고
구원의 강물에 배를 띄워주신 은혜로만
보잘것없는 가랑잎 배일지라도
기꺼이 노를 젓는 사공이 된다

## 바울에게

어르신은 지금 무얼하고 계시나요
오늘도 누군가를 붙잡고 애가 타시나요
예수님의 본을 떠서 편지를 쓰시나요
매 맞아 엉긴 피가 갑옷처럼 굳어 갈 때도
감옥살이 갇힌 세월 죽음 같아도
귓전을 맴도는 음성이 울림이 되었다지요
비늘이 벗겨지고 눈이 밝아져 천상을 보셨다지요
높은 학문도, 가문도, 명예도 비우고
세상의 끝을 향하던 어르신의 낡은 신발과
성하지 않은 몸으로 일어서던 옷자락을 만져봅니다
가두어지지 않는 이끌림으로 씨 뿌린 자국마다
별보다 더 많은 열매가 반짝입니다
같잖은 소유조차 비우지 못하는 저는
한 번의 반짝임도 없었던 남루함으로
어르신의 행적만을 뒤적입니다

## 흐르는 것들

물방울 모여 샛강을 이루는 동안
심장을 향해 핏줄이 꿈틀대듯
바다의 당김은 멈추지 않았다
부서지며 잡힐 것 같은 조각달을 좇아
물줄기에 둥둥 밤이 흐른다

땀내 나는 허기로 한 움큼 눈물이 흐르고
찰나의 웃음도 흐른다
뜬금없는 소식이 낮달처럼 흐르고
양수 터지듯 생명의 소리가 흐른다
흘려보내고 싶은 것들과
붙잡고 싶은 것들이 눈치 없이 흐르고
태초의 물줄기를 끊어내지 못한
비루한 인력들도 따라 흐른다

청류에 흐르고저 제 몸을 씻어도
들키고 마는 죄의 덮개
몸부림도 꽃잎 되어 따라 흐른다
아무도 보지 못한 바다로 꿈틀대며 흐른다
흐르는 것들의 쉼은 바다뿐이다

## 대문에 달아 두었네

대문에 대롱 매달려 있는 봉지
딸려 온 땀방울이 눅눅하게 젖어 있는
감자, 오이, 고추, 가지들이 빼곡하다
누가 두고 갔는지 몰라도 된다고
멀뚱멀뚱 걸려있다
감자를 심으면서였을까
고추를 따면서였을까
눈이 마주쳤을 때였을까
서로 하나님을 나누어 가졌을 때
그분의 빛으로 속마음까지 환해졌을 때
그때부터 주고 싶었을 거야
하늘의 별도 땅의 풀잎도 모르게
이슬 같은 만나가 내리던 새벽처럼
엎드려 보석들을 헤아려 본다

## 계산하지 않았다

숫자를 알고 헤아리는 법을 배워
머릿속 굴리는 소리로 지구가 돈다
한 치도 손해 보지 않은 똑똑함으로
쌓이는 돈다발이 힘이 되는 믿음을 키운다

귓전에 들려오는 또렷한 음성
나는 너에게 줄 때 계산하지 않았다
낯짝이 붉어지며 숨고 싶었다
때마다 계산하지 않고 주신 것이다

외롭지도 슬퍼하지도 억울해하지도 말아라
대신 아파하시고 울기도 하시며
애잔한 마음을 다독여주신 것을
무감각의 표피는 굳어만 갔다

목숨도 주셨으니까
핏방울 뚝뚝 떨구어 적셔주신 혈서
사랑한다는 말보다 벅차올라
어깻죽지 결리도록 울었답니다

# 헌금

신문지에 겹겹이 숨겨져
압화처럼 납작하게 눌려진 시간
변색되어가는 종이의 딱딱함으로
아무도 손대지 않은 화석이 되어 있었다
예배당 건축에 보탠다고 말없이 두고 간 뭉치
주름진 얼굴에 퍼지는 부챗살 미소와
떨리는 손등의 흔들림이 선연하다
살점을 뜯어내듯 한 장 한 장 떼어 낼 때
낙엽 내음 부스러지듯 덜어내는
몇 년 치 용돈으로 벽돌이 쌓여졌다
티끌을 모아 지으신 사람들은
티끌을 모아 보답을 한다

## 연극처럼 사는 사람

변장술에 능통한 벌레 한 마리
뱅패를 움켜쥐고 탈춤을 춘다
가면 쓰고 살다 벗지 못하는 가면
웃고 우는 순간순간 웃자라버린
그림자만 뒤적이는 허상이 되었다
아편 같은 박수 소리 갈급해하며
가리운 얼굴을 스스로 과찬하다
주인공 되고 싶어 커다란 원을 그린다
외모로 보지 않으시고
중심을 보시는 그분 앞에 서면
떨다가 벗겨지는 가면을 움켜쥐고
소마소마 가슴 조이다가
속사람이 끄억끄억 읍소를 한다

## 늙은 호박

푸석하게 야윈 끈을 놓지 않고
우람하게 골이 파인 딱딱한 표피로
의젓하게 자리 잡은 호박 한 덩이
그 속 궁금하다 하여
살살 달래며 열어젖힌 속내에
숯불에 달군 듯 황금빛 열기가
신방의 불꽃처럼 아련히 흔들린다
어디서고 만나기를 기다리는 내 사랑은
꽃으로 피어나는 찰나의 수줍음과
뜨거운 태양볕도 당당히 견디며
나날이 걸러 낸 순결한 빛으로
손 내밀지 않아도
모든 순간 속에 마주치는
첫사랑의 불빛으로 환하였다

# 친구

어느 해 사월, 볕 좋은 날
일도 없이 친구를 만나고 헤어지는데
마당에 휘늘어진 라일락 한 송이를 꺾어 주더니
줄 것 없어서라고 방싯 웃는다
앞장서는 향기 맡으며 따라 웃었다
소식 끊겨 안부를 알 수 없는 여직도
손바닥에 묻은 향기 홀연히 남아
청춘의 낯빛으로 화사하다
시들지 않은 흔적 자라고 자라
광주리 되고, 밥상 되고, 품이 되어
줄 것 없어질 때까지 비우다가
한 송이 꽃으로 다시 피어나
그대 손을 뜨겁게 달구리라

## 봄맞이

눈썹차양 끝에 달려있던 고드름
낙수 되어 녹는 날
봄보다 빠르게 매화 피는 기척에
까치발 세워 먼 산 바라본다

낙엽 더미 속 곤잠 자던 멧새알도
언뜻언뜻 모도록한 초록의 봄풀도
순한 눈결로 처음을 맞는다

태초에 지어주신 옷을 입고
떠돌다 마는 착지를 찾아
대물림받은 유전의 믿음으로
변함없는 언약에 손 내미는 봄날

어제도 기억 못 하는 나는
독혈 고인 혈맥이 부끄러워
뒷짐 진 누더기 옷 벗어
언 물 녹은 청수에 발을 씻는다

## 남이 되는 나

나의 선행을 몰라주는 것을 서운해하면서도
남의 선행에 칭찬하지 않았고
나의 부끄러움 몰라주기를 바라면서도
남의 부끄러움을 가려주지 않았다
이 모습 저 모습 아시는
숨을 곳 없는 거울 앞에서도
또 얼마나 내 모습을 찬찬히 들여다보았던가
작은 풀잎의 흔들림에서도 배우지 못하면서
지는 노을 한 조각에도 물들지 못하면서
책 속의 낱말들을 외우고 포장하여
팥알 같은 지식을 모아가며
무너지고 마는 혀끝의 탑을 쌓는다

## 별이 된 친구에게

하얀 모란꽃으로 환하게 웃었다
너무 좋아서 큰소리로 반겼는데
깨고 마는 꿈이었다
다시 눈을 감고 붙잡아야 했다
전화도 할 수 없는 곳
찾아가지도 못하는 곳
어쩌다 꿈길에서나 만나는 해후를
소리 질러 망치고 마는 어리석음에
황망한 밤을 새운다
닳아 없어지고 마는 사탕처럼
어디서고 만날 수 없는 형체가
낯꽃을 피우던 모습 그대로
꿈으로는 버젓이 살아있다니
과녁이 되어주신 그분의 심장을 만나
서러움도 아픔도 위로받게나
그리고 가끔은 나도 찾아와주소

## 손길

나에게도 칭찬받는 내가 되어
늙은 모과 향기 남기고 싶어
구슬리다가 때리다가
은장도를 품고 지키지만
부끄러움이 회개인양 숨고 마는 얄팍함과
어리석음도 자랑하는 바보 같은 무지와
유리알 속의 티끌까지 들키고 맙니다
자꾸만 넘어지는 나를 보시며
손 내밀어 잡아주시는 온기로만
너울을 벗어버린 또 다른 내가 일어서지요
네가 나를 사랑하느냐고 묻지 마십시오
고개 들지 못하고 눈물만 고입니다
어찌할 바를 모르지만
죄의 흉터를 주님의 흔적으로 바꾸시며
상처가 길이 되게 하신
과분한 은혜를 의지할 뿐입니다

# 감사

완벽한 자연 속에 일부가 되어
생육하고 번성하고 충만하여
정복하고 다스리게 하신 계획으로
점점이 채우며 그림을 그린다

비 오는 봄날의 수선화처럼 수줍더니
짱짱한 여름 볕에 푸른 열매를 숨기고
익어가는 가을 숨소리에 터지는 환호로
겨울 찬바람도 저장하는 내공을 키운다

길게 드리워진 십자가 흔적 아래
작은 십자가 품고 모여든 이들은
핏물 든 옷자락으로 다시 흩어지고
예수의 이름만 여물어 간다

태우지 못한 연서보다 더 붉은
가슴앓이로 누르던 무더기 돌
헤치고 나오라 명하시는 목소리로
해를 품고 밝아지는 하늘과 땅
그리고 나

## 소중한 만남들

만남으로 이루어지는 풍요가 좋다
죄인인 채로 말씀을 만나고
사람 되어 사람을 만나고
핏줄로 형제와 아들 딸을 만나고
훈풍에 그림 같은 풍경을 만나고
또 그리움을 만난다

죄 사함의 맑은 강줄기가 유장하게 흐르고
바벨의 조각들과 우상들이 사금파리 되어버린
헤아림 없는 길 위에서 만나고 만난다
만남의 축복으로 쌓여진 산을
그분의 사랑으로 옮겨 볼거나

구겨진 헝겊도 조각보가 되고
헝클어진 실타래도 기다림의 공력으로
단풍잎 손 내밀어 온기 나누면
또 한 가닥 빗줄기로 입 맞추는 마른 땅
거짓 없이 아낌없는 풍요가 쌓인다

## 가식일지라도


예수님의 가면은 닳지도 않아
아무라도 눌러쓰고 영혼을 판다

쓰다 보면 벗겨지지 않은 줄도 모르고
썼다 벗었다 반복한다

거울 앞에 내 모습은 어느 때쯤에
가면 없이도 가면을 닮아
벗어버린 맨얼굴로 웃어볼거나

## 말기암의 회생

그의 병의 원인은 순전히 스트레스라고 한다
그것도 사람에게서 받은 독이라고 한다
림프선을 타고 돌던 울분들이 검게 굳어갈 때
결린 옆구리에도 웃음으로 위장한 노기가 쌓여갔다
움츠러든 정직함이 점점 왜소해질 때의 절망과
잃어버린 시간들 속에 멈춰 선 시계바늘을 찾아
과녁을 빗나가는 화살을 쏘아댔다

그의 병이 호전된 것은 순전히 기도라고 했다
그것도 그를 아는 사람들의 믿음의 기도였다
홀로 버려진 서러운 원망이 움틀 때도
말갛게 씻어주신 초음파 사진 속에도
옆구리 창 자국 보여주시며 친구처럼 웃으시는
그분과, 꺼지지 않는 기도의 향으로
말기암을 이기는 중이다

## 부러진 것들


목이 동강 난 수저와 손잡이 꺾인 칼
다리 부러진 안경태처럼
거짓이 들통난 친구와의 거리
못쓰게 되었다는 결단으로 극단적 선택을 한다
미워하고, 등 돌리고, 못 본 체하고
한 번도 사랑받지 못한 것처럼 돌아선다
미움이 희석되지 않는 얕은 물에 첨벙대다
스스로 넘어지고 마는 풀린 다리로
무릎 모아 기도한다
사랑할 수 없는 사람도 사랑하게 하소서
작은 요동에 흔들림 없는 물살처럼
깊고 넓은 온기로 품게 하소서
구름장마다 고여 있던 눈물 쏟아낸다

# 엄마

요양병원 십 년 살이
눕게 되고서야 가망 없는 꿈을 꾼다
물이 흐르는 시냇가에 초막을 짓고
나물 캐고 열매 따며 초연히 살고 싶다고
아이처럼 욕심 없이 생기는 것에 감사하면
재미지겠지 입가에 웃음이 번진다
손에 닿을 듯 감실대는 풍경 속에 곤잠 잔다
엄마의 천국은 고향집인가 보다
멀리 와버린 꿈 너머의 본향을 손짓하며
과거로 돌아가는 중이다
아기 되어 엄니 품에 들고 싶은 소망으로
가물대는 엄니를 부른다
놓지 못하는 인연의 끈으로 엄마의 천국은
만남이 회복되고 있는 중이다

## 달과 눈 맞추다


달 하나가 동그랗게 커지며
차오르는 기쁨으로 온 밤이 환하더니
금새 텅 빈 밤하늘이 쓸쓸하다
끝나지 않은 담금질을 거듭하며
비우고 채우기를 반복하는 형상으로
야트막한 돌담길 나뭇가지에 앉아 놀다가
샛강에 첨벙 빠지기도 한다
누군가의 술잔에 눈물을 보태다가도
시가 되어 홀연히 갈 길을 간다
천지간에 벗을 찾아 헤매이다가
맑은 두 눈 차지하여 행복했다고
낮에도 뜨고 마는 하얀 쪽배는
대양을 향해 둥글게 굴러만 간다

# 순례자

둥둥둥둥 쇠가죽이 울었다
흙바람을 뒤집어쓴 아브라함과
우물처럼 깊은 이삭과
절뚝거리는 야곱
뿔 나팔 소리에
돌멩이들이 불뚝 일어서 달린다

창세 후 이어지는 수많은 발자국들
묻혀버린 경건들이 살아나 앞장선다
바벨의 과오를 되풀이하지 않으려고
붉은 유혹에도 고개 들지 않으려고
바닷가 몽돌 되어 씻기도 하고
눈을 가려 동굴 속에 숨기도 한다
회복의 고통이 아련하여 싸우는 사람들
잃어버린 갈증을 찾아 사막을 누비다가
죄 씻음의 은혜를 만나 춤을 추며
구하는 오직 하나 하나님 나라

## 누군들 꽃 같은 세월만 보냈겠는가

삶의 끈이 고단하여 버리고 싶을 때
구성없는 몸부림에 번개탄이 피어올랐지
형벌의 구렁텅이에 몸을 던지는 순간에도
외면하지 않으시고 부르시는 이름으로
억울함도 원망도 꽃이 되는 마법을 보았지
감사로 노래하며 목숨값으로 섬기고
부르심에 달려가고 송구함에 낮아지며
채우시고 만지시는 중첩의 날들이 쌓여
얼마쯤 나를 버렸을까
스스로 세운 부러움의 기준에 갇히기도 하고
밑바닥 앙금이 일어 앞을 더듬기도 하는
아직도 남아있는 물색없는 그림자를 돌아본다
포기하지 않으시는 바보 같은 사랑 앞에
나도 바보가 되고 싶다

## 천성 가는 길

새벽 첫 마음에 너를 위해 기도한다고
갚을 길 없는 온기로 다독여주시더니
배웅도 안 받고 홀연히 가시는 길
갈피마다 익숙한 그 노래 부릅니다

다복다복 떠 먹여주신 말씀과
작은 자의 눈물을 따라 우시던 얼굴
지으신 이의 마음 헤아려 고개 숙이고
감사의 노래를 흥얼거리던 모습이 남아요

수혈하듯 쏟아버린 빈손도 좋아라고
아이처럼 손뼉 치는 텅 빈 손에
가진 것 없는 부요가 넘쳐났지요
미리 주신 즐거움으로 기쁘셨지요

천사의 손을 잡고 뛰어가세요
예수님의 옷자락에 얼굴을 묻어
더함 없는 감사로 펑펑 우세요
들썩이는 어깨를 안아주시겠지요

## 한 자락의 기도

흰 명주베 한 필을 펼쳐 송연묵 짙게 갈아
기도문을 쓰려하니
폭포수 같은 물줄기가 떨어진다
앞이 흐려지는 것은 물보라 때문이 아니다
죄인의 탈을 벗겨주신 과분한 손길과
동행을 느끼게 해주신 발걸음과
마른 막대기에 불어넣어 주신 숨결이 다수워
떨면서 터지는 눈물을 붓끝에 적신다
주님 저는 아무 말도 못 합니다
주님 저는 아무것도 쓰지 못합니다
이미도 알고 계시는 마음을 씻을 뿐입니다
저를 불쌍히 여겨주옵소서

# 후기

## 표정 - 하나님의 흔적을 품고

표정의 사전적 의미는 마음속에 품은 감정이나 정서 따위의 심리 상태가 겉으로 드러나거나 드러내는 모습으로 보통 얼굴에 감정을 나타낸다고 한다.

살아있는 모든 생명체에 표정이 있다. 해와 달, 강아지, 고양이, 토끼, 말, 호랑이, 고래 등 동물들과 울타리를 타고 오르는 나팔꽃, 담쟁이, 키 큰 소나무와 웃자란 풀포기에도 표정이 나온다. 어찌 생물체뿐이겠는가? 무생물에도 표정은 있다. 금이 간 접시나 모서리 닳아진 의자, 구겨진 옷에서도, 새로 사 온 구두에서도 표정을 보게 된다. 표정의 다양함은 청태 낀 바위에서도, 바닷가 몽돌에서도 표정을 보게 되는데, 때로 보는 사람의 감정이입으로 인해 표정을 부여하게 되어, 슬퍼 보이다가 묵묵해 보이다가 변하기도 하는 것이 표정인 것 같다.

더욱이 인간의 얼굴에는 다양한 표정이 있고, 표정은 자의나 타의에 의해 만들어지기도 하고 세월의 흔적으로 굳혀지기도

한다.

사람들은 날마다 거울을 보며 표정을 확인한다. 억지로 웃어야 하는 표정도 자애로운 척하는 가식의 표정도 거울 앞에서는 잠깐 만들어진다.

하지만 마음의 색으로는 무채색의 표정만큼 정확한 것은 없다. 그래서인지 굳혀진 주름을 성형하여도 감출 수 없는 표정으로 그 사람의 격이 노출되고 만다.

내 표정은 나보다도 남들이 더 많이 본다. 그래서 표정은 선물이 되기도 하고 반목의 빌미가 되기도 한다.

또 내가 보지 못하는 나의 표정을 하나님께서 보신다.

때로 거울 속 얼굴이 마음에 들지 않아 씰룩거릴 때가 있다. 젊음을 잃어가는 안타까움보다 식어버린 열정과 찌뿌듯한 불만과 걱정이 고인 미간을 보게 되면 짜증스러운 것이다. 감사를 잃어버린 표정은 구겨진 휴지 같다.

이런 나를 보시는 예수님의 표정과 마주치면 눈을 질끈 감아도 부르르 솜털이 돋는다.

하나님은 예수님을 통해 많은 표정을 남겨주셨다. 때로는 울기도 하셨고 안타까움과 다급함으로 재촉하시기도 하셨고 다독이며 위로하시기도 하셨고, 함박웃음을 지으시며 어린아이처럼 즐거워하시기도 하셨고, 무엇보다 십자가의 고통을 표정으로 남기셨다.

지금도 순간순간 바라보시는 주님의 표정 앞에 있음이 위로가 되기도 하고 부끄럽기도 하고 두렵기도 하지만 많이 웃으시고 흐뭇해하시기를 바라며 기도한다.

  하나님께서 주신 시간과 공간이 얼마나 귀하고 소중한지! 빛나는 삶이 아닐지라도, 눈물 골짜기에 피어나는 풀꽃이라도 정직하고 진실되게 사랑으로 채워가며 샘물 같은 맑은 표정으로 겸손히 주님 앞에 엎드리는 삶이 되길 소망한다.

# 은혜살이

임미형 지음

| | |
|---|---|
| 발행처 | 도서출판 청어 |
| 발행인 | 이영철 |
| 영업 | 이동호 |
| 홍보 | 천성래 |
| 기획 | 육재섭 |
| 편집 | 이설빈 |
| 디자인 | 이수빈 | 구유림 |
| 인쇄 | 정우인쇄 |

등록    1999년 5월 3일
        (제321-3210000251001999000063호)

1판 1쇄 발행    2025년 10월 30일

주소      서울특별시 서초구 남부순환로 364길 8-15 동일빌딩 2층
대표전화  02-586-0477
팩시밀리  0303-0942-0478
홈페이지  www.chungeobook.com
E-mail    ppi20@hanmail.net

ISBN    979-11-6855-396-5 (03810)

본 시집의 구성 및 맞춤법, 띄어쓰기는 작가의 의도에 따랐습니다.
이 책의 저작권은 저자와 도서출판 청어에 있습니다.
무단 전재 및 복제를 금합니다.